Minerales

Grace Hansen

capstone

www.mycapstone.com

Abdo ¡SÚPER GEOLOGÍA! Kids

Spanish Translator: Maria Puchol

Photo Credits: iStock, Shutterstock

Production Contributors: Teddy Borth, Jennie Forsberg, Grace Hansen

Design Contributors: Laura Rask, Dorothy Toth

Library of Congress Cataloging-in-Publication Data

Cataloging-in-publication information is on file with the Library of Congress.

ISBN 978-1-4966-0680-8 (paperback)

Printed in the United States of America, North Mankato, Minnesota.
072018 000810

Contenido

¿Qué son los minerales?

Los minerales se crean de una forma natural. Están compuestos por **elementos**.

Los seres vivos no pueden producir minerales. Una perla es una **gema**. Las perlas no son minerales. Las ostras hacen las perlas.

Las formas de los minerales

Todos los minerales producen cristales. Hay seis formas de cristales.

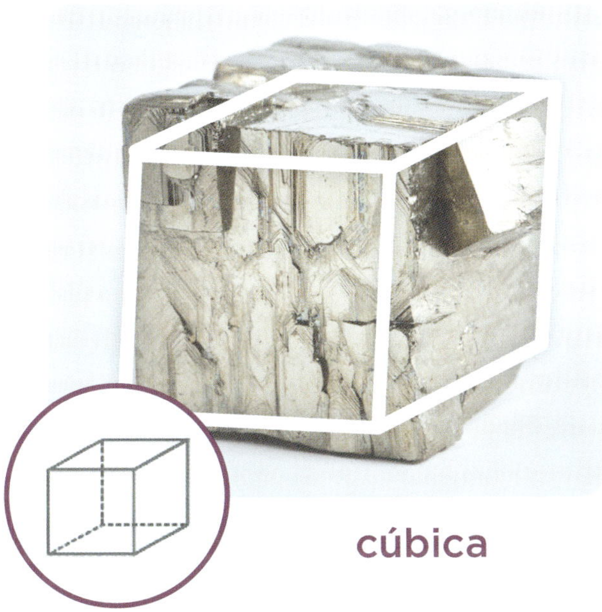

cúbica

tetragonal

ortorrómbica

triclínica

hexagonal

monoclínica

Donde se forman los minerales

Los minerales se forman en los principales tipos de roca. Se forman en rocas ígneas. La mica se forma en estas rocas.

mica

Se forman en **rocas sedimentarias**. El yeso se forma en estas rocas.

Se forman en **rocas metamórficas**. El granate se forma en estas rocas.

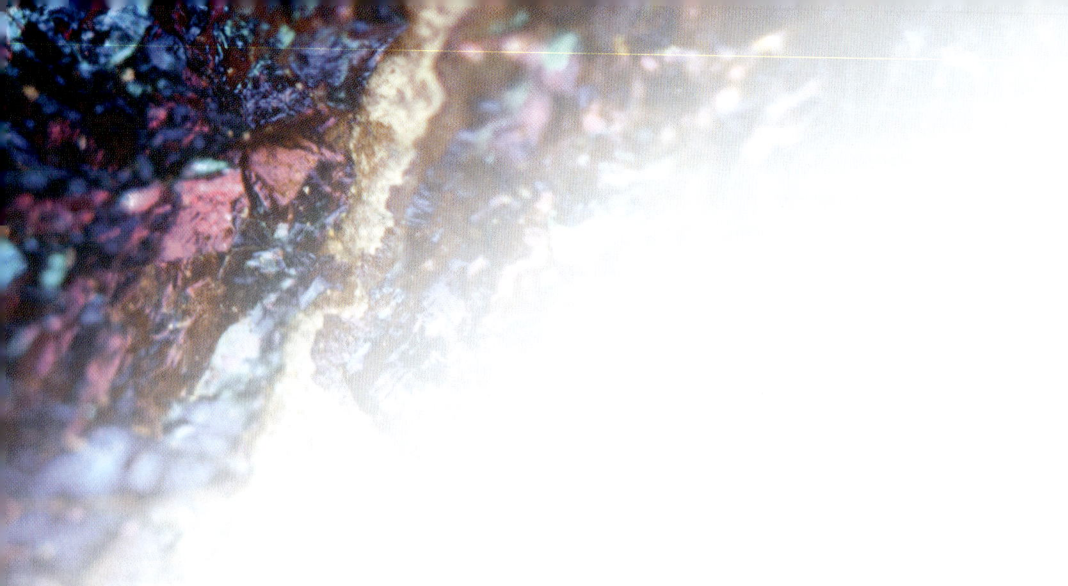

¡Estamos rodeados de minerales!

Hay minerales por todas partes.

Los usamos todos los días.

grafito

El agua produce minerales. El agua puede congelarse o secarse. Los minerales del agua se depositan. La sal gema puede formarse de esta manera. La sal gema produce sal.

sal gema

Los humanos extraen minerales.

Extraemos diamantes.

Se utilizan en herramientas.

Se usan para hacer joyas.

diamante

Tipos de minerales

apatita

cuarzo

malaquita

azurita

feldespato

sulfuro

calcita

fluorita

topacio

Glosario

elemento – un elemento es un átomo. Los átomos componen casi todo en la Tierra. Los minerales están compuestos por uno o más elementos. Y las rocas están compuestas por uno o más minerales.

extraer minerales – excavar en la tierra en busca de minerales.

gema – valiosa piedra, tallada y pulida, que se usa en joyería.

roca metamórfica – roca que en un momento tuvo una forma, pero que ha cambiado debido al calor y la presión.

roca sedimentaria – roca compuesta por muchos trocitos de rocas.

roca ígnea – roca formada por el enfriamiento y solidificación del magma o la lava.

Índice